अंजुमन

महफ़िल मेरी कविताओं की

सोनाली देशमुख

BookLeaf Publishing
India | USA | UK

Made with ❤ on the BookLeaf Publishing Platform
www.bookleafpub.in
www.bookleafpub.com

Dedication

यह काव्य संग्रह मैं आप सभी कविता प्रेमियों को समर्पित करना चाहती हूँ, और उन सारे मेरे कवियोको जिन की कविताये मैं बचपन से पढ़ते आ रही हूँ।

Preface

मेरी कविताएँ पढ़कर कहीं न कहीं आपको भी अपने अतीत की याद आएगी। जो कहीं न कहीं छूट गया है। इन कवितायो मे वो सारी बाते है जो आप को अपनी सी लगेगी। आपको ऊन यादगार पलो से मिलवाएगी जो कही छुट गया है।

Acknowledgements

मैं बुकलीफ़ की अभारी हू। मैं मेरे परिवार के सभी सदस्यों के प्रति आभारी हू जिनहोन मुझे हमेशा प्रेरणा दी और कविता लिखने के लिए प्रोसाहित किया।

1. लौटा दो

जो सपने सजाये थे ,वो नैनो को लौटा दो
जो निन्दे चुराई थी वो ख्वाबो को लौटा दो
जो धड़कने ली थी वो दिल को लौटा दो
जो वादे मांगे थे वो अतीत को लौटा दो
जो गीत गाए थे वो सुरों को लौटा दो
जो आसु बहाए थे वो पल्कोको लौटा दो
जो सुनहरे रंग लिये थे वो सांझ को लौटा दो
जो किनारा लिया था वो सागर को लौटा दो
जो सहारा लिया था वो बाहों को लौटा दो
बस तुम्हारे साथ बीते हुए वो पल मुझे लौटा दो

2. तुम्हारे लिए

लहराते आचल को पकड़कर खामोशी से खड़ी हूं
मेरे आचल की छाया बनाये तुम्हारे लिए
राह को रोके राह मे बिखरे ये जुल्फो के नगमे तुम्हारे लिए
बादालोको बरसने ना दूंगी,
बादलोंकी घटाओ को रोके ख़डी हू
तुम्हारे लिए
किसी पल को जाने ना दूंगी
हर पल को बचाये रखा है
तुम्हारे लिए
सपनों को मैं कैसे भूलूंगी
हर सपनों को सजाये रहि हू
तुम्हारे लिए
किसी गीत को मैं भूल ना पाऊंगी
मेरे हर गीतो में शामिल तुम्हे करूंगी
सदा से रहे हैं ये मेरे गीत
तुम्हारे लिए

3. मैं तुमसे मोहब्बत करती हूं

फूलों की मेहेक, काटोकी चुभन बुलबुल की चहक
भवरोकी गुंजन सूरज की किरणें, राह के झरनें
ये मुझको सताया करते है
कभी छाव बनके आते हैं कभी राह को रोके राहते हैं
कभी नींदे चुराकर मुझको जगाया करते हैं
कभी सपनों में आकर तुम्हारी याद मुझे दिलाते हैं
कभी सुबह सवेरे आते हैं मुझको सपनों से जगाते हैं
कभी सांझ ढले अंबर के तले मुझे गीत तुम्हारे सुनाते हैं
सब कुछ जानकर भी ये नादान से बन जाते हैं
कभी याद तुम्हारी दिलाकर कभी गीत तुम्हारे सुनाकर
पल-पल मुझे ये रुलाते हैं, ये सारे तुमसे कहते हैं ना
के मैं तुमसे मोहब्बत करती हूं, मुझको रूलाकर
मुझको सताकर ये तुमसे शिकयत करते हैं
अब सारी शर्ते मान कर सारी बाते जानकर
इन सब से नाता जोड़ कर इन सब को शहादत मानकर
इन सब के संग अब मैं भी तुम से ये कहती हूं
के मैं भी तुमसे मोहब्बत करती हूं

4. मेरे हमसफ़र

मेरे हमसफ़र मेरे पास ही तुम रहा करो
अँधेरे में भी रोशनी बनकर जला करो
दूर रह कर भी कभी मुझे याद किया करो
निन्दे चुराकर भी कभी सपनों में आया करो
सुर बनकर भी कभी मेरे गीतों में समाया करो
सासे बनकर मेरी मेरे दिल में बस जाया करो
तूफ़ानो में भी कभी सहारा बन जाया करो
माजी बनकर किनारे तक पहुचा दिया करो
तन्हाइयो में भी कभी भवरा बन जाया करो
मेरे पास आकर कानो मे कोई गीत गुनगुना दिया करो
सपनों में भी कभी बादल बनकर आया करो
मुझे दूर गगन की सैर करा लाओ
भूल कर भी कभी मुझसे ना दूर जाओ
सारे ग़म भुला कर
मुझमें समा जाओ

5. तुम्हारा इंतज़ार है

फूलों को महकने के लिए खुशबू का इंतजार है
राह के मुसाफिरों को मंजिल का इंतजार है
भटके हुए राही को बसेरे का इंतजार है
डूबते हुए सूरज को सांझ का इंतजार है
प्यार के इस सागर को पार करने के लिए मल्हार का इंतजार है
खामोश से अंधेरे को रोशनी का इंतजार है
जैसे धरती को भिग जाने के लिए बादलों के बरसने का इंतजार है
मुझे तो बस अब सिर्फ तुम्हारा इंतजार है

6. मेरे हमदम मेरे दोस्त

पहले मैं तन्हा थी तन्हा तन्हा रहती थी
ख्वाब भी ना देखती थी
सपने भी ना सजाती थी
पहली बारिश भी ना मुझे भाती थी
गीली मिट्टी की सुगंध भी ना आती थी
खामोश सी जिंदगी मेरी
मैं तन्हा ही बिताती थी
फिर एक शाम मेरी जिंदगी में एक हवा का झोंका आया
किसी ने ख्वाबों में आकर
सारी रात मुझे जगाया
कहीं वो तुम तो नहीं?
जो दूर रहकर भी मेरे इतने करीब आ गए
मेरी खामोश सी जिंदगी में खुशी की बहार ले आए
कहीं वो तुम तो नहीं?
मेरे ख्वाबों को सजाने के लिए नींदे चुरा ले गए
कहीं वो तुम तो नहीं?
जिसे चाहा वो तुम ही तो हो
मैंने तुम्हें जान लिया है
तुम वही हो वही हो वही हो
मेरे हमदम मेरे दोस्त

7. तुम्हे पता है

कालियों तुम्हें पता है
मेरा मन क्यों खिला हुआ है?
भवरो तुम्हें पता है
मेरा दिल क्यों गा रहा है?
बहारों तुम्हें पता है
मेरा मन क्यों मचल रहा है?
बादलों तुम्हें पता है
मेरा दिल क्यों झूम रहा है?
फूलों तुम्हें पता है
मेरा मन क्यों महक रहा है?
वादियों तुम्हें पता है
मेरा दिल क्यों धड़क रहा है?
तितलियों तुम्हें पता है
मेरे ख्वाबों मे कौन आता है?
झरनो तुम्हे पता है
मेरी नींदे कौन चुरा ले गया है?
सुरो तुम्हें पता है
मेरे गीत कौन गुनगुना रहा है?
मेरे मान तू ही बता दे
मेरा दिल क्यों मचल रहा है?

8. तुम सदा मेरे ही रहना

वो कौन है जो सपनों में आया?
नींदे चुराकर दिल में समाया
जो हंस पड़ी कलियाँ भी मुझ पर
जो मन ही मन में मुस्कराई
फूल भी क्यों महक उठे ?
जो खिल गया मेरा मन भी
कोयल भी क्यों गा रही है ?
गुनगुना रहा है मेरा मन भी
दिल भी मेरा क्यों धड़क रहा है ?
पाव भी जमीन पर नहीं है मेरे
जो गुंज उठी शहनाई
लो मैं तुम्हारी हो गई
अपनी बाहों में मुझे तुम थाम लेना
दिल की धड़कन में मुझे तुम बसाना
ओ मेरे हमसफर यूं ही सदा तुम मुझे प्यार करना
चाँद भी कभी सितारों पे रूठे
सागर भी कभी धरती से रूठे
अंबर जो सूरज से रूठे
खुशबू भी फूलों से रूठे
चाहे कुछ भी हो मेरे हमदम

तुम मुझपे कभी ना रूठना
सारी उमर गुजर जाए
तुम सदा मेरे ही रहना

9. मन के रंग मंच पर

मन के रंग मंच पर
रख दु मन कहि
मन की दीवार पर है रंग कई
रंगों में छाया है सुंदर सा चित्र कोई
और उस सुंदर से चित्र में छिपी हुई हूँ मैं
मन के रंग मंच पर
कई रंग बिखरे हुए
खो जाऊ मै अगर यू ही रंगो में कहि
ढूंढोगे अगर तुम मुझको
चित्रों की गहराई में छिपी हुई
मिल जाऊंगी मैं वही रंग मंच पर कहीं

10. पहाड़ों के उस पार

पहाड़ों के उस पार
सुना था एक शहर बस्ता है
सुबह होते ही सूरज पहले वहीं पर उगता है
धुंधलासा धुआं ऊपर उठता है
जब कोहरे में से सूरज झांकता है
सुना था मुर्गा भी उसके बाद उठता है
सुंदर नज़ारा देखकर वह भी बाग़ देना भूल जाता है
सूरज की धुंधलीसी पहली किरण में
सुना है सारा शहर जाग जाता है
सुना है सारी चिड़िया भी सुर
ताल और लय में गाती हैं
मन करता है काश मैं भी पहाड़ों के उस शहर में होती
जो भी सुना है अपनी आंखों से देखती
ख़ुद उस पल का आनंद लेती
और उन क्षणों को महसूस करती
पर फिर एक एहसास हुआ
मेरे मन ने मुझसे कहा
सबसे सुंदर शहर तो यही बसा हुआ है
जिसे कभी ना जान सके हम
जिसको कभी समझ ना सके हम

जिसकी गहराई में झांक के देखें अगर हम
तो जान जाएंगे वह है हमारा मान

11. सुहाना सफ़र

सपने सुहाने हो ना हो,
सफर सुहाना होना चाहिए।
चाहे जो भी रास्ता चुना हो,
सपनों से सुहाना ही होना चाहिए।
चाहे सफर में कितने ही रास्ते मिल जाएं,
हर रास्ता मंजिल की ओर ही जाना चाहिए।
सपने सुहाने हो ना हो,
सफर सुहाना होना चाहिए।
साथी चाहे हो ना हो सफ़र जारी रहना चाहिए
कोई मुसाफिर साथ हो ना हो,
सफर कितना भी मुश्किल क्यों ना हो,
हर कदम अकेले ही,
मंजिल तक बढाना चाहिए।
सपने सुहाने हो ना हो,
सफर सुहाना होना चाहिए।

12. तुम मिलो तो सही

एक एहसास हसीन सा
एक ख्वाब खूबसूरत सा
कुछ पल आधे अधूरे
कुछ लम्हे सहमे से
उन पलों को याद करते हैं
उन सपनों को फिर से जीते हैं
पल भर के लिए उन सपनों को फिर से ताजा करते हैं
उस सेहमी हुयी शाम को फिर से सुहाना बनाते हैं
संदूक में दफनाए हुए
उन खतों को फिर से समेटते हैं
उन सुनहरे लम्हों की
फिर महफिल सजाते हैं
यादों को फिर ताजा कर के
उन लम्हों का गुलदस्ता बनाते हैं
आओ फिर उनकी खुशबू में
एक दूसरे को फिर से ढूंढते हैं
वहीं से फिर शुरू करते हैं
जहां हमने छोड़ा था
अधूरा ही सही उस ख्वाब को पूरा करते हैं
उन लम्हों को फिर से जीते हैं

उन पलों को कैद कर लेते हैं
बस एक बार यूही तुम मिलो तो सही
उन पलों के सहारे कोई नया गीत बनाते हैं
उन गीतों में फिर से एक दूसरे को ढूंढने की कोशिश करते हैं
सिर्फ एक बार ....यूही कहीं तुम मिलो तो सही।

13. यादे

कभी सोचा है बैठकर समुंदर के किनारे
क्यों ये लहरें आती हैं
उछल उछल के किनारे ?
फिर रेत भी आती है
लहरों के सहारे
और फिर समा जाति है
उसी के सहारे फिर समुंदर में
कभी की है कोशिश
लेहरो को छू ने की ?
या साथ आए रेत्त को समेटने की ?
ये रेत भी फिसल जाती है
जैसे समुंदर में
समाह जाने को उन यादों की तरह
जो पल भर में आती है
और गुजर जाती हैं उन पलो की
तरह जिन्हें हम समेटना चाहते हैं।

14. हम

जज्बातों के दायरे में
कहीं फिसल न जाएं हम
कहीं तुम कहीं मैं
इस गुजारिश में कहीं उलझ न जाएं हम
इस हम को बांधे रखना
यही कोशिश रही है
जिसकी तमन्ना बरसों से है
उस पल को कहीं खो न दें हम
इस तू तू और मैं मैं के फासले में
कहीं बिखर न जाएं हम
खो न जाए कहीं मैं
मैं में
और तुम तुम में
ख्वाइशों के पूल भी डगमगाकर
कहीं बहे न जाए सागर में
इससे पहले मैं तुम में और तुम मुझ में समाजाए
और एक दूसरे में समाकर बन जाए
तुम और मैं मिलकर "हम"

15. गुजारिश

मैं अगर गुजर भी जाऊं
ना याद करना मुझे आंसू में
ना गुजरना उस हर जगह से
जहां से मैं गुजरी हूं
मैं हर उस जगह मिलूंगी तुम्हें
जहां से हम गुजरे हो कभी
याद करके देखना उन सपनों को
जो हमने मिलकर देखे थे
उन सपनों में मैं मिलूंगी
गुलदस्ते में रखे हुए फूलों की खुशबू में मैं मिलूंगी
गीतों के हर मुखड़े में और अंतरे के हर लफ्जों में मैं मिलूंगी
तुम्हारी सोच में मैं मिलूंगी
तुम्हारी यादों में भी मिलूंगी
मेरी बस एक गुजारिश याद रखना
मुझे वहीं दफनाना जहां से तुम हर रोज गुजरते हो
ताकि मैं भी तुम से रोज वहीं मिल सकूं।

16. काश

काश फूलों में सुगंध न होती
भौरों को कहीं और जाना पड़ता
काश पराग में मधु न होता
मधु मक्खियों को कोई काम न होता
काश वर्षा न होती
बादलों को गरजने का मौका न मिलता
काश सागर गहरा न होता
शायद सिप में मोती न मिलता
काश बोलों में सुर न होते
प्यारे गीत न बनते
काश बूंदे न होतीं
तुम इन नयनों की भाषा न समझ पाते
और...... काश तुम मिले ही न होते
इन पलकों को तुम्हारा इंतजार न होता।

17. मैं कवि न बन सकी तो

मैं कवि न बन सकी तो क्या हुआ
बादल बन जाऊंगी परबतों जंगलों से होकर सारा जहां घूम आऊंगी
मैं कवि न बन सकी तो क्या हुआ
किरणे बन जाउंगी दूर दूर तक रोशनी लिए इस जहां को रोशन बनाऊंगी
मैं कवि न बन सकी तो क्या हुआ
लहरे बन जाऊंगी उछल उछल के सागर में समाह जाऊंगी
मैं कवि न बन सकी तो क्या हुआ
तितली बन जाऊंगी उड़कर उसके पलकों पर सजाए उसके सपनों को छू जाऊंगी
मैं कवि न बन सकी तो क्या हुआ
किसी का सपना बन जाऊंगी उसे पूरा करने में उसका सहारा बन जाऊंगी
मैं कवि न बन सकी तो क्या हुआ
किसी के जिंदगी का गीत बन जाऊंगी उसे उन प्यारे लम्हों की याद दिलाया करूंगी
और अगर सच में मैं कवि न बन सकी
तो मैं...... मैं बन जाऊंगी
और मेरे बिताए दिनों की दास्तान किसी और दिन सुनाऊंगी।

18. हमराही

खामोशी में भी कोई बातें कर सके
तनहाइयों में भी कोई याद आ सके
भूल कर भी कोई भूला न सके
मेरे गीतों का भी कोई अर्थ समझ सके
दूर होकर भी कोई करीब रह सके
इस अनजाने सफर में भी जो साथ चल सके
हो सके तो इस सफर के मंजिल तक साथ दे सके
बस इस अनजाने सफर के लिए
तलाश है एक राह की
और जरूरत है एक हमाराही की।

19. क्यूं की......

.... आज शाम कुछ और है
चांद क्यों मुस्करा रहा है ?
चांदनी भी क्यों चांद से शर्मा रही है ?
खिली खिली सी कली भी क्यों इतनी महक रही है ?
फूलों में भी आज क्यों इतनी खुशबू है ?
सागर की यह लहरें क्यों इतनी उछल रही हैं ?
जुगनू भी क्यों इतने चमक रहे हैं ?
दूर गगन में कौन गुनगुना रहा है ?
मेरा साया भी क्यों मुझसे ही शर्मा रहा है ?
दिल की धड़कनें भी क्यों तेज हो रही हैं ?
हाँ.... शायद इसलिए क्योंकि ....
मुझे मेरा हमसफर मिल गया है।

20. एक बूँद

एक बूंद इंतजार में है
फिर एक सिप में गिरने को
और समुंदर के तले बैठा एक सिप इंतजार में है
अपने कवच के खुलने का
अपने बनाए मोती की चमक दिखाने दुनिया को
सबसे अलग सबसे अनोखे
एक नई सफर में चलने को
गोटाखोर के इंतजार में
एक नई रूप में ढलने को
एक नई मंजिल की ओर
एक नई दुनिया बसाने को
फिर से एक नई बूंद इंतजार में है
फिर से एक नए सिप में गिरने को।

21. अंजुमन

किसी के अनुरोध पर
किसी अनोखी
राह पर
किसी अंजानी खोज में
निकल पड़े वह मुसाफिर
इसीअदिति पर किसी अनजानी चीज़ की तलाश में
किसी अजनबी को साथ लिए
किसी अनमोल खोज की तलाश में
किसी नए अनुभव के इंतजार में
असत्य में सत्य को खोजते
अगणित बाधाओं को तोड़कर
अथक परिश्रम करके
किसी अतुल बंधन के साथ
किसी अनामिक आकर्षण से
अपने अतीत को याद करके
किसी के आदब-लिहाज के लिए
उस अटल विश्वास के साथ
अपना अस्तित्व ढुंडते
अपनी अंजुमन बनाकर
नए अंतराल की खोज में

www.ingramcontent.com/pod-product-compliance
Lightning Source LLC
Chambersburg PA
CBHW070654240926
51846CB00003BA/908
* 9 7 8 9 3 6 9 5 4 6 0 1 5 *